INTRODUCIENDO A SHAYJ AHMADU BAMBA: SABIO DE TOUBA

Libro para colorear

Por Rukayat Yakub

Traducido por Hazel L. Gómez y Marie Hernandez

El profeta de amor y misericordia vivio y enseñó en Arabia. Debido al duro trato de la gente de La Meca, muchos musulmanes se huyeron a Axum en África oriental.

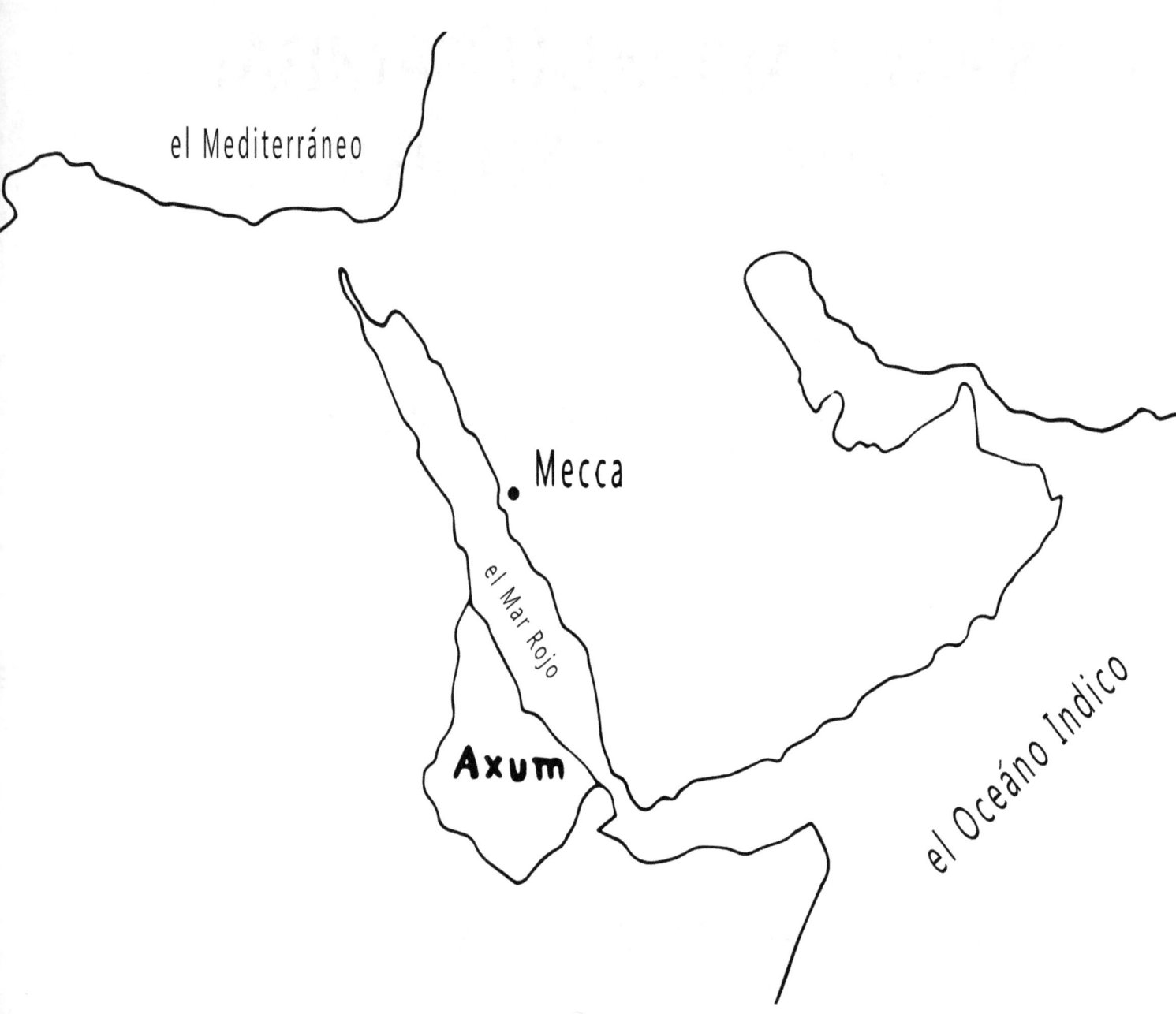

Con el tiempo, el Islam se extiende en muchos reinos de África occidental.

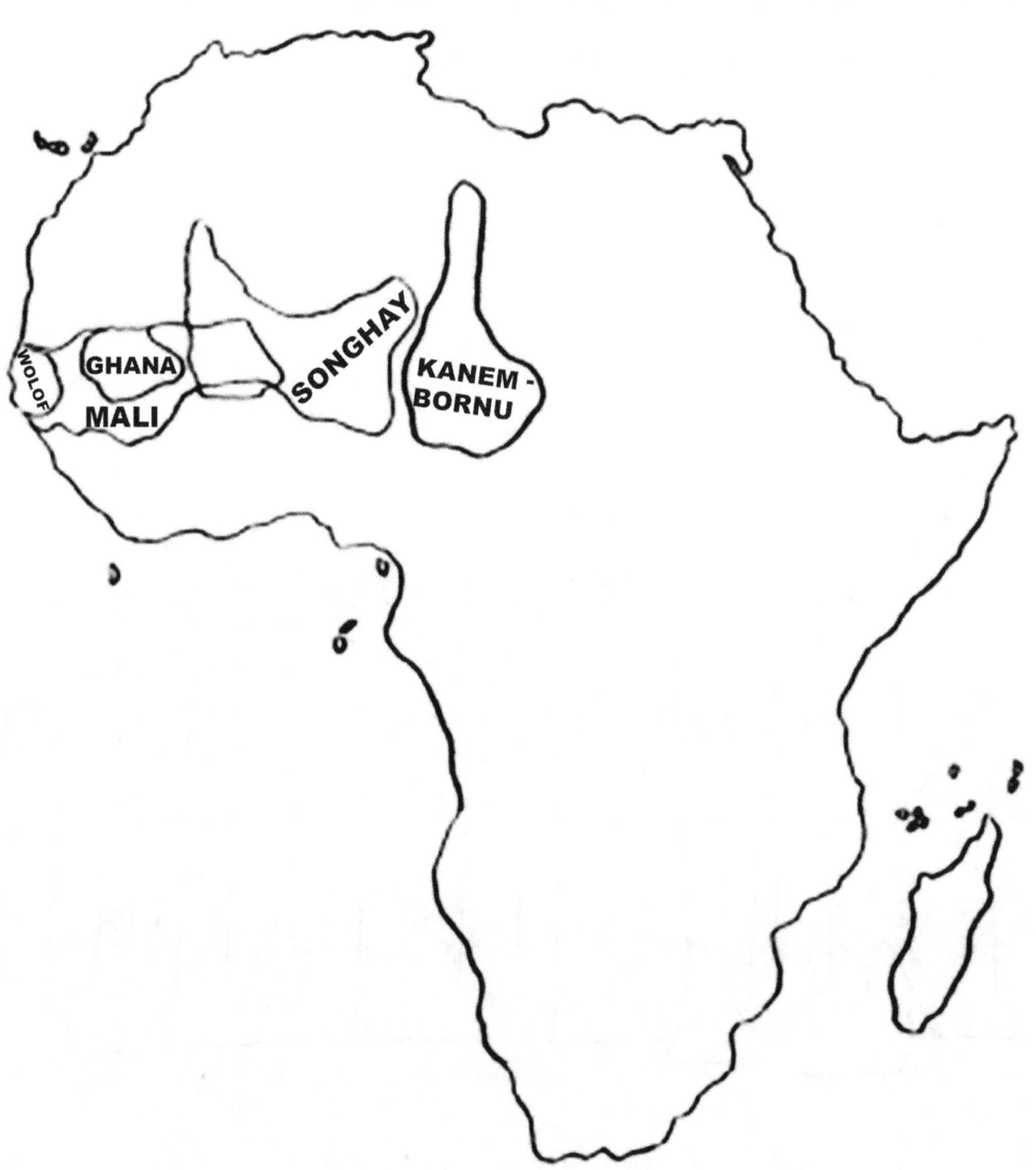

Los Africanos construyeron escuelas, mezquitas y universidades en toda la región.

En el borde de África occidental se encuentra Senegal. Es una tierra de libros, generosidad, calidez, y sobre todo, amor a Dios.

En 1853, un niño nació en esta misma tierra - un niño que creció para ser el gran Ahmadu Bamba.

En medio de la noche, el joven Ahmadu se pararia sobre una suave alfombra de piel de cordero rodeada de piedras iluminadas por la luz de la luna que marcaba el área de oración del complejo familiar.

Desde muy joven deseaba ser como la gente de Dios que permanece de pie de noche.

Ahmadu, como la mayoría de los niños de su tiempo, comenzó a memorizar el Corán cuando tenía alrededor de 6 años. ¡Le encantó! Estudió el Corán con su tío abuelo Ndumbe, su padre Momar, y su tío Muhammad. Él completó su memorización a la edad de 12 años.

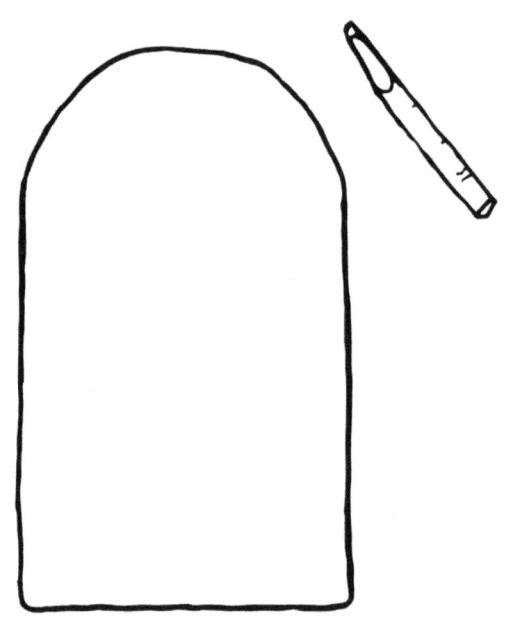

Después de que terminó la primera etapa de su educación, estudió el idioma árabe, ley islámica, Sirah (vida del Bendito Profeta) y poesía.

"A la edad de 20 años, Ahmadu se llamaba Shayj Bamba, por respeto a su aprendizaje. Él comenzó a enseñar en la academia de su padre." Shayj Bamba también escribió muchos libros, algunos de los cuales se muestran a continuación en la biblioteca de Touba.

Cuando Shayj Bamba tenía 30 años, Elder Mandumbe lo invitó a formar parte de la corte del Rey. A esto él respondió,
"¡Trabaja con los gobernantes, depende en ellos!" me dijeron. "¡Puedes beneficiarte de regalos que resolverán todas tus necesidades!" A esto, respondí: "Yo estoy satisfecho con Dios. Yo pongo mi confianza en Él".

Shayj Bamba ayudó a su gente a independizarse a través de la agricultura, el trabajo duro y la fe. Él y sus estudiantes establecieron Dar-us-Salaam, luego Touba, donde estableció los cimientos de la Gran Mezquita.

Mostró a la gente cuánto poder realmente tenían. Esto preocupaba no solo a los líderes locales sino también a los colonizadores franceses. Finalmente, terminó en frente del Consejo Privado.

El Consejo rápidamente decidió exiliar a Shayj Bamba a Mayumba, Gabón. El Shayj iba ser colocado en un barco y obligado a abandonar Senegal. En algunos días, Shayj Bamba tiene que abandonar su hogar, su familia y sus alumnos ¡para siempre!

Pero en lugar de llevarlo a su celda para esperar el exilio a Gabón, los guardias tramaron un plan. Pensando que debe haber una forma más rápida de deshacerse de él, lanzaron el Shayj en una celda con un león hambriento.

Cuando regresaron, el que fuera un feroz león era tan gentil como un cordero.

Poco después el Shayj fue esposado y colocado en un barco.

Encuentra las ciudades costeras de Dakar, Conakry, Grand Bassam, Cotonú, Douala, Libreville y Mayumba en el mapa. Luego, conecta estos lugares para rastrear la ruta del Shayj al exilio.

En el viaje a Libreville, el Shayj es impedido de orar en el barco, así que arroja una alfombra de oración y reza en el mar.

Dibuja la alfombra de oración y decorala de la forma que quieras.

El Shayj fue dejado en la isla de Mayumba con sus pertenencias. Nadie nunca había regresado, por lo que sus enemigos pensaron que esto era su final, ¡por fin!

Sin embargo, el Shayj vivió. Pasó la mayor parte de su tiempo en oración y escribiendo. Escribió muchos libros en el exilio.

Finalmente, los franceses decidieron devolverlo a Senegal. La multitud de personas apenas podían esperar para echarle un vistazo al gran Shayj Bamba cuando el barco llegó a la orilla.

Por el resto de su vida, Shayj Bamba continuó enseñando, escribiendo y mostrándole a la gente cómo vivir una vida de paz, amor y trabajo duro.

Hoy la gente de todo el mundo están inspirados por el Shayj Bamba, y muchos todavía visitan Touba y rezan en la mezquita que él dio los cimientos muchos años atras.

¿Te gustaría intentar dibujar a Shayj Bamba?

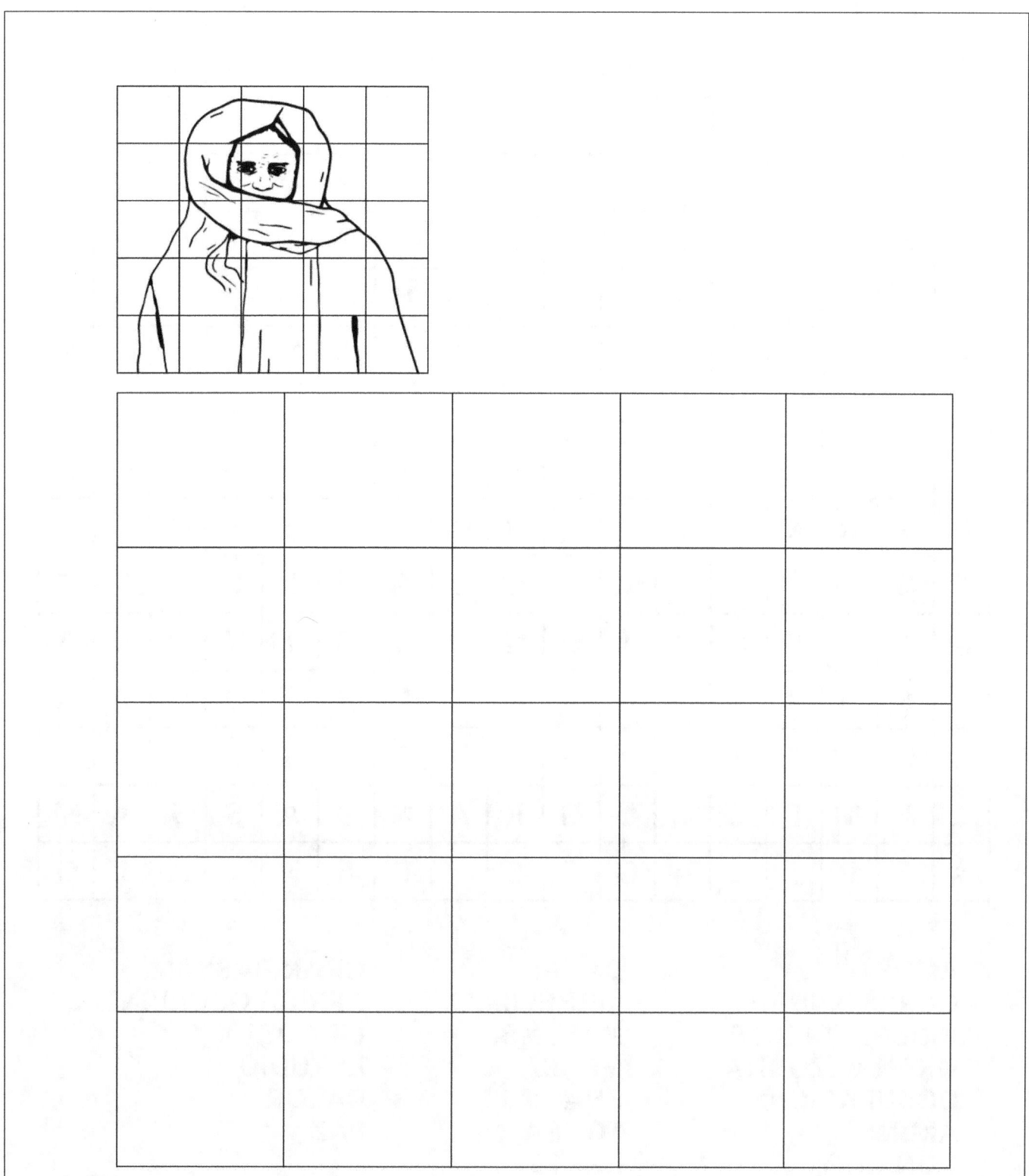

Búsqueda de palabras

I	N	D	E	P	E	N	D	I	E	N	T	E	M	R	O	G
I	E	X	I	L	E	H	L	E	X	I	L	I	O	V	C	R
G	E	N	E	R	O	S	I	D	A	D	U	C	E	N	C	A
E	T	E	G	G	U	L	B	O	Y	I	V	O	S	U	U	N
S	S	E	R	R	C	E	R	C	A	L	O	T	T	C	P	M
C	O	N	A	K	R	Y	E	R	M	U	A	O	U	T	A	E
R	A	R	N	S	E	R	V	N	B	E	G	N	D	W	C	Z
I	X	O	D	A	N	L	I	B	R	O	S	O	I	C	I	Q
T	U	O	A	E	A	U	L	I	R	E	C	U	O	B	Ó	U
U	M	R	K	P	M	X	L	H	W	L	A	B	R	O	N	I
R	O	W	A	K	O	M	E	C	C	A	L	L	E	N	T	T
A	I	G	R	C	R	T	O	N	O	U	O	I	V	O	U	A
R	S	H	A	Y	J	H	R	P	T	E	R	T	O	U	B	A
C	O	M	A	Y	U	M	B	A	V	S	I	R	L	P	A	Z
L	A	M	E	C	Q	U	G	R	A	N	B	A	S	S	A	M
Á	F	R	I	C	A	O	C	C	I	D	E	N	T	A	L	O

AMOR
GENEROSIDAD
INDEPENDIENTE
GRAN MEZQUITA
OCCUPACIÓN
AXUM
CONAKRY
COTONOU

DAKAR
LIBREVILLE
MAYUMBA
MECCA
SHAYJ
TOUBA
EXILIO
ESCRITURA

GRAN BASSAM
ÁFRICA OCCIDENTAL
LIBROS
ESTUDIO
CALOR
PAZ

¿Puedes encontrar el camino a la Gran Mezquita de Djenné?

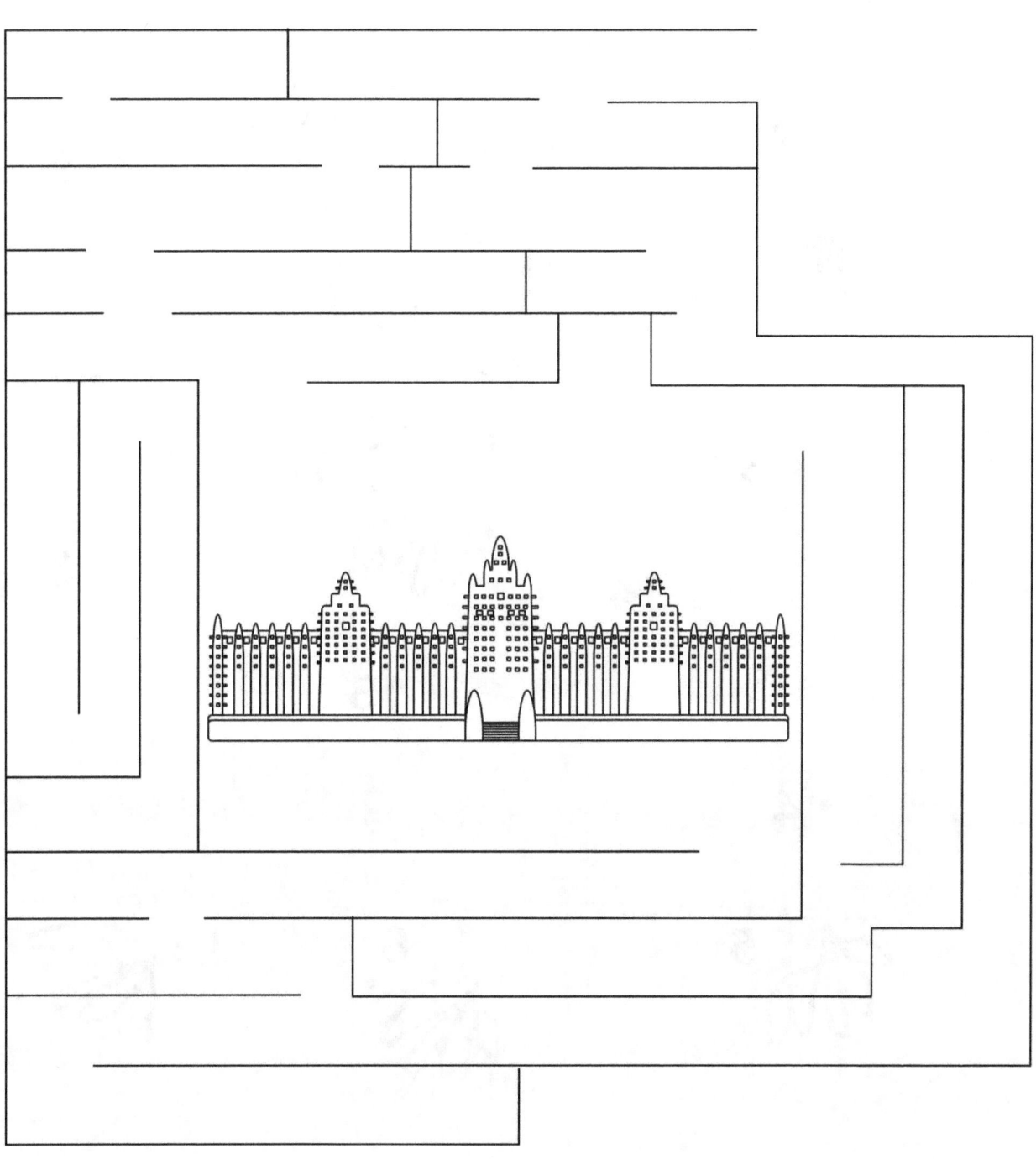

Conecta los puntos del 1 al 20 para dibujar una bolsa tradicional del Corán.

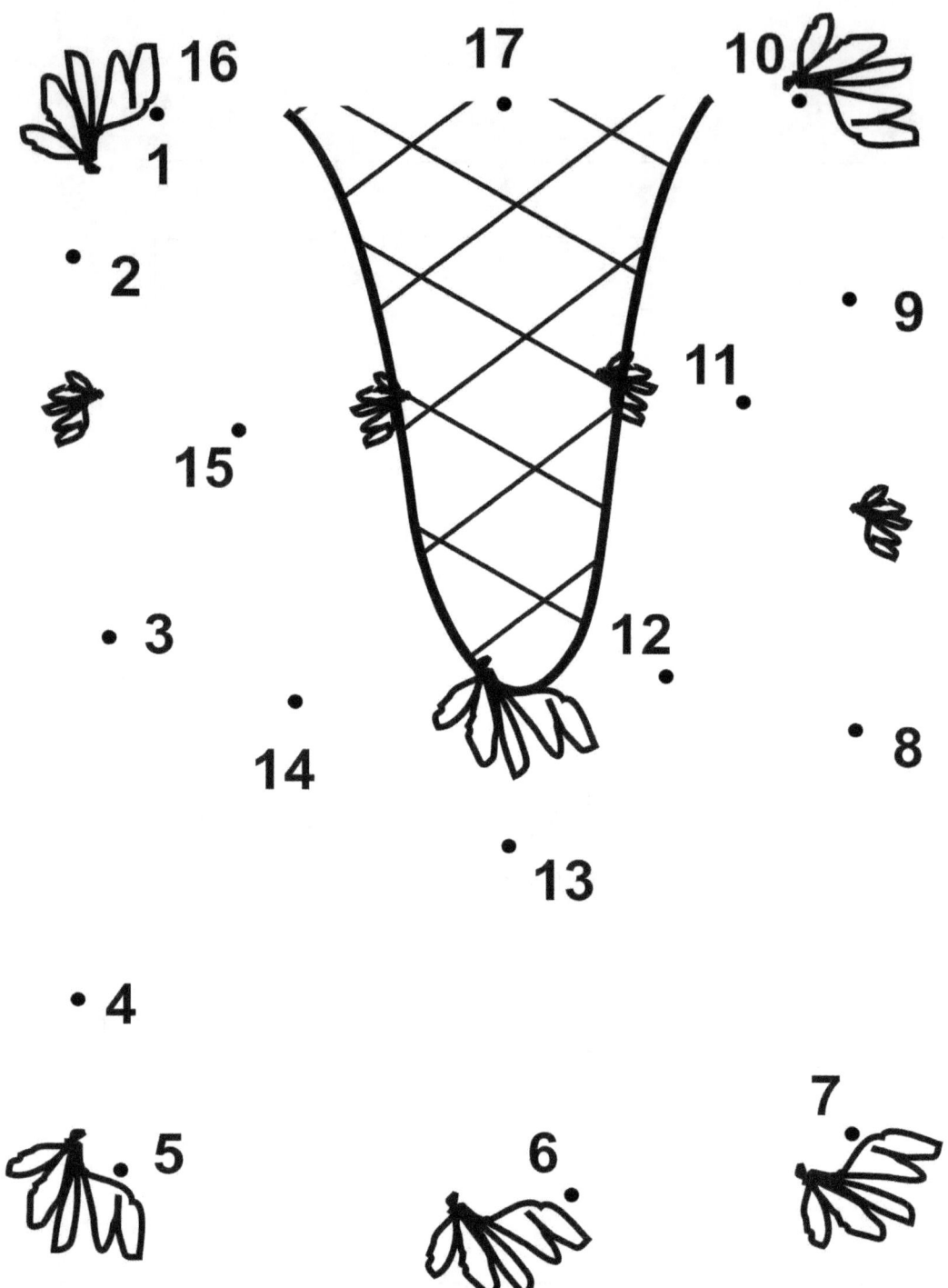

¿Puedes encontrar el camino a la Gran Mezquita de Touba?

23

Glosario

Bendito Profeta-
Su nombre es Muhammad, un hombre santo que enseñó el amor de Dios, la justicia y las palabras y acciones amables.

Misericordia-
Una gran cantidad de amabilidad, amor y cuidado

Gran Mezquita-
El principal espacio de reunión para la oración en una comunidad

Establecido-
Configurar una cosa o lugar

Shayj-
Un hombre entrenado que enseña el amor a Dios

Colonizar-
Tomar el control de la tierra de otras personas

Inspirado-
Algo que hace que alguien quiera hacer algo grandioso

Fundación-
La estructura de apoyo de un edificio

Independiente-
No necesita confiar en nadie más

Consejo Privado-
Un tribunal especial en tierras controladas por Francia.

Satisfecho-
Contenido, tener suficiente

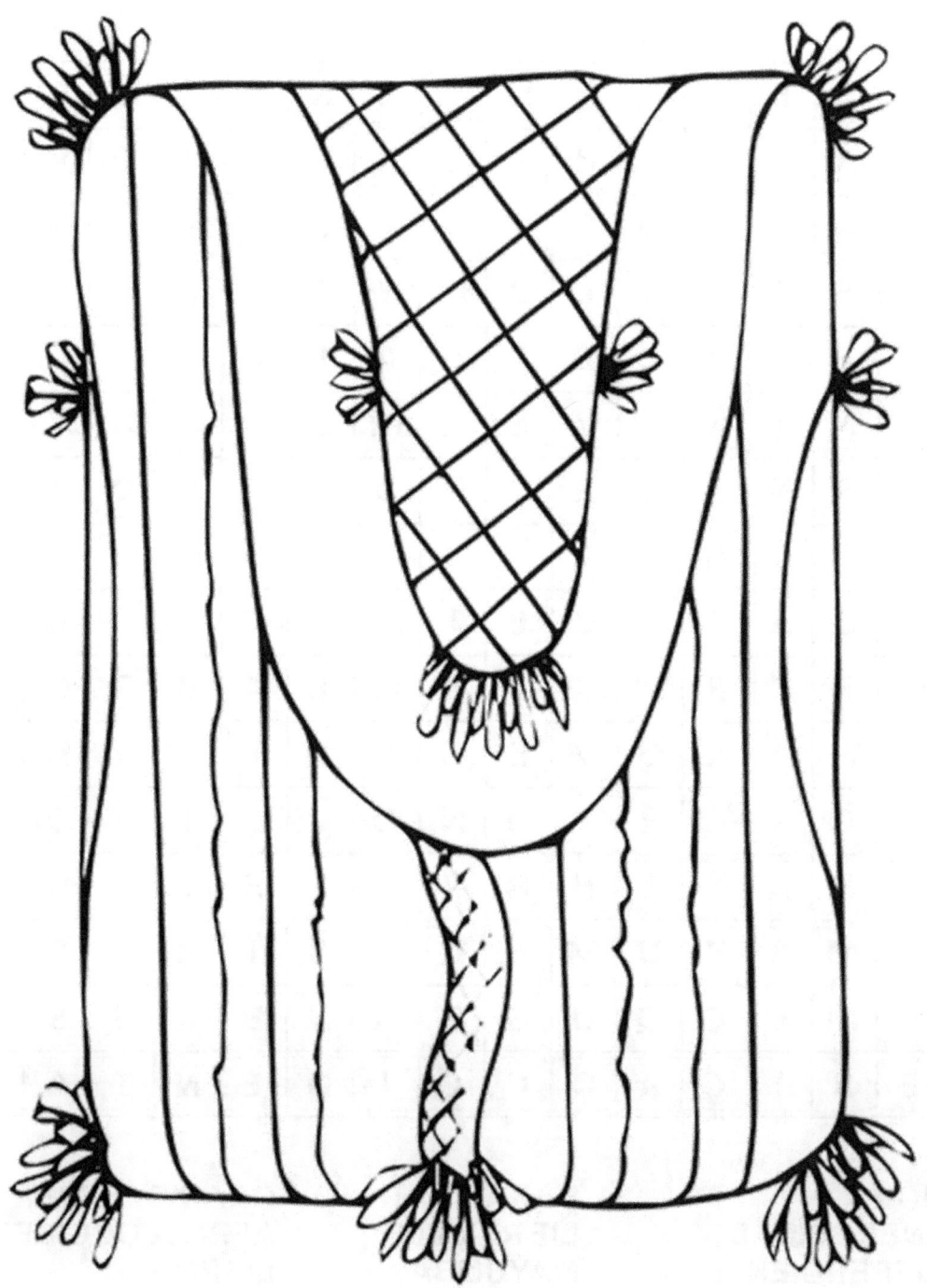

Búsqueda de palabras

I	N	D	E	P	E	N	D	I	E	N	T	E	M	R	O	G
I	E	X	I	L	E	H	L	E	X	I	L	I	O	V	C	R
G	E	N	E	R	O	S	I	D	A	D	U	C	E	N	C	A
E	T	E	G	G	U	L	B	O	Y	I	V	O	S	U	U	N
S	S	E	R	R	C	E	R	C	A	L	O	T	T	C	P	M
C	O	N	A	K	R	Y	E	R	M	U	A	O	U	T	A	E
R	A	R	N	S	E	R	V	N	B	E	G	N	D	W	C	Z
I	X	O	D	A	N	L	I	B	R	O	S	O	I	C	I	Q
T	U	O	A	E	A	U	L	I	R	E	C	U	O	B	Ó	U
U	M	R	K	P	M	X	L	H	W	L	A	B	R	O	N	I
R	O	W	A	K	O	M	E	C	C	A	L	L	E	N	T	T
A	I	G	R	C	R	T	O	N	O	U	O	I	V	O	U	A
R	S	H	A	Y	J	H	R	P	T	E	R	T	O	U	B	A
C	O	M	A	Y	U	M	B	A	V	S	I	R	L	P	A	Z
L	A	M	E	C	Q	U	G	R	A	N	B	A	S	S	A	M
Á	F	R	I	C	A	O	C	C	I	D	E	N	T	A	L	O

AMOR
GENEROSIDAD
INDEPENDIENTE
GRAN MEZQUITA
OCCUPACIÓN
AXUM
CONAKRY
COTONOU

DAKAR
LIBREVILLE
MAYUMBA
MECCA
SHAYJ
TOUBA
EXILIO
ESCRITURA

GRAN BASSAM
ÁFRICA OCCIDENTAL
LIBROS
ESTUDIO
CALOR
PAZ

www.ingramcontent.com/pod-product-compliance
Lightning Source LLC
Chambersburg PA
CBHW060520300426
44112CB00017B/2745